AF355870

DECLARATION

DV ROY, POVR

la descharge des souffrances faictes sur
les comptes des Receueurs des Tailles
pour la iouyssance des douze deniers,
& six deniers pour liure, attribuez aux
Offices de Commissaires & Sergens
des Tailles.

*Verifiée en la Chambre des Comptes le
4. Mars 1625.*

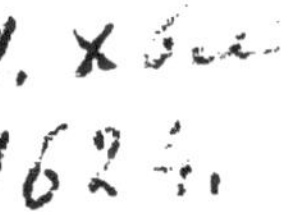

A PARIS,

Chez PIERRE DES-HAYES, ruë de
la Harpe à la Limasse, prés la Rose rouge.

M. DC. XXV.

OVYS PAR LA GRACE DE DIEV ROY DE FRAN-CE ET DE NA-VARRE. A tous ceux qui ces presentes lettres verront, salut: Lors que nous auons esté obligez par diuerses considerations tres-impor-tantes au bien de nostre estat de re-chercher secours de notables sommes de deniers, ou bien pour faire cesser plusieurs vexations desquelles nos su-jets du plat pays estoient oppressez, de créer & establir de nouueaux Offices, Nous auons eu esgard de faire payer les gages & droicts que nous attri-buons ausdits Offices, de telle maniere que les pourueus ou acquereurs sus-

A ij

sent engagez pour en iouyr auec cer-
titude & facilité à vacquer ou leurs
Commis & Procureurs en la fonction
desdits offices auec l'assiduité & since-
rité requise, & particulierement pour
les anciens Commissaires des tailles des
parroisses, creés au lieu des Greffiers
desdites Tailles, & pour les Sergens des
Aydes & Tailles desdites parroisses,
que nous auons voulu prendre & receuoir leurs droicts, sçauoir lesdits
Commissaires de douze deniers pour
liure, & lesdits Sergens de six deniers
tournois pour liures, par les mains des
Asseeurs Collecteurs de nosdites Tailles pour les obliger à exciter les Asseeurs de garder vne esgalité en l'assiet-
te de nosdites Tailles, & vser de diligence au recouuremét de nos deniers,
& aussi pour ce que prenant ainsi leurs
droicts, ils portent sur eux leurs non-

ualleurs qui peuuent arriuer fans que nous foyons tenus les faire valloir : Neantmoins les gens de nos Comptes procedans à l'audition & examen de plufieurs comptes des Receptes de nos Tailles ont ordonné aux Receueurs de faire recepte & defpence defdits droits defdits antiens Commiffaires & Sergens des Aydes & Tailles defdites parroiffes, Ne confiderant pas noftre intention, & comme il eft impoffible d'executer leur ordonnance fans vne tres-grande charge pour Nous, à caufe des frais des comptes qui triplerroiét ceux de prefent. Que le foing & trauail de nofdits Receueurs en la recepte & defpence defdits droicts les occuperoient plus que le refte de leur charge & la confufion qu'vn nombre infini d'acquits du tout inutils apporteroit, lefquels ne pourroient que nuire,

puis que nous ne demeurons chargez
des droicts des acquereurs defdits offices en cas defdites nonualleurs, eftant
de leur intereft particulier de faire
leurs diligences pour en iouyr. Ce que
voulant efuiter, & auffi faire obferuer
l'ordre porté par nos Edicts fans qu'il
y foit contreuenu, d'ailleurs ayant par
noftre Edict du mois de May dernier,
portant creation d'vn fecond office de
Commiffaire defdites Tailles, Regiftré
en noftredite Chambre des Comptes
à Paris, efteint & fupprimé lefdits offices de Sergens defdites Aydes & Tailles des parroiffes, il ne feroit raifonna-
ble que les acquereurs defdits offices
de Sergens qui ont iouy des droicts y
attribuez par leurs mains & fous la foy
dudit Edict de creation defdites offices fuffent à l'aduenir inquietez pour
ce regard, & ayant auffi permis & ac-

cordé aux acquereurs defdits feconds
Commiffaires par noftredit Edict, de
prendre & receuoir leurs droicts de
douze deniers tournois pour liure des
mains des Collecteurs de nofdites Tailles. Ce feroit contre raifon de con-
traindre les poffeffeurs des offices des
Commiffaires de la premiere creation
a receuoir leurs droicts des Receueurs
de nos Tailles. SÇAVOIR FAISONS,
Que de l'aduis de noftre Confeil, &
de noftre plaine puiffance & authori-
té Royale, Nous auons par ces prefen-
tes fignees de noftre main, dict & dé-
claré, difons, declarons & ordonnons,
que tous acquereurs & poffeffeurs
defdits offices de Commiffaires des
Taillesr ou leurs Commis & Procureurs prénent & reçoiuent leurs droits
de douze deniers pour liure, attribuez
aufdits offices par l'Edict de leurdite

creation par les mains des Collecteurs
des deniers de nos Tailles, Taillon &
creuës en chacune parroiſſe, & non
autrement ſans qu'ils y puiſſent eſtre
troublez ny empeſchez, ny les Receueurs eſtablis pour la recepte de noſdits deniers en chacun Bureau d'Eſle-
ction, s'entremettre à faire recepte &
deſpence deſdits deniers ſur peine de
priuation de leurs offices & de tous
leurs deſpens dommages & intereſts,
tant deſdits acquereurs & poſſeſſeurs,
leurs Procureurs ou Commis que
Collecteurs particuliers des Tailles &
parroiſſes, N'entendons auſſi que ſous
quelque cauſe & pretexte que ce ſoit,
ou puiſſe eſtre, il ſoit rendu aucun
compte ny eſtat en noſtre Chambre
des Comptes ny ailleurs des deniers
deſdits droicts, Deffendons à ceſte fin
aux Gens de noſdits Comptes d'en

prendre

rendre cognoiſſance, nonobſtant les
ſouffrances, & autres chargēs par eux
miſes & appoſees ſur les cóptes des Receueurs de noſdites Tailles, & les mo-
ifs d'icelles que nous leur ordonnons
de leuer & oſter, & en deſcharger les
comptables & parties prenantes, comme nous les leuons, oſtons & deſchargeons par ces preſentes, & d'autant
que par la creation des offices de ſe-
conds Commiſſaires deſdites Tailles,
& pour compoſer la moitié des douze
deniers pour liure de leurs droicts ſans
ſurcharger nos ſubiects, Nous auons
eſteinct & ſupprimé les offices de Sergens Collecteurs des Aydes & Tailles des parroiſſes, crées par noſtre Edict
du mois de Mars 1620. moyennant
leur rembourſement, & qu'il ne ſe-
roit raiſonnable que les acquereurs
& poſſeſſeurs deſdits offices fuſſent à

B

l'aduenir inquietez & pourſuiuis ſur la iouyſſance qu'ils ont euë de leurs droicts de ſix deniers pour liure, par les mains des Collecteurs de noſdites Tailles conformément audit Edict de creation deſdites offices. Nous ordonnons auſdites Gens de nos Comptes de leuer & oſter les ſouffrances & autres charges par eux miſes ſur leſdits comptes deſdits Receueurs de nos Tailles à cauſe dudit droict de ſix deniers pour liure deſdits Sergens, de l'effect & rigueur deſquelles Nous quittons & deſchargeons leſdits Receueurs & leſdits poſſeſſeurs deſdits offices leurs Commis & Procureurs par ceſdites preſentes, ſans qu'ores n'y à l'aduenir ils en puiſſent eſtre inquietez, & à ceſte fin deffendons à nosProcureur generaux & Controlleurs generaux de nos reſtes des Chambres

defdits Comptes faire aucune pour-
fuitte, ny deliurer aucune contraincte
pour raifon defdites fouffrances & autres charges mifes fur lefdits comptes
pour le regard defdits droicts de douze deniers des anciens Commiffaires,
& fix deniers des Sergens à peine de
nullité, A tous Huiffiers & Sergens
de faire aucuns exploicts ny autres
actes & executions à peine de fufpen-
tion de leurs charges, de cinq cens liures d'amende & tous defpens dommages & interefts, & à ce qu'il ne foit
contreuenu aufdires deffenfes, Nous
impofons filence perpetuelle à nofdits
Procureurs generaux pour raifon defdites fouffrances, & charges mifes fur
lefdits comptes, à caufe defdits droicts
& defdites pourfuittes. SI MAN-
DONS à nos amez & feaux Con-
feillers, les Gens de nos Comptes à Pa-

ris , Que ces presentes ils facent lire
publier & regiſtrer, & le contenu en
icelles, inuiolablement garder & en-
tretenir ſans permettre qu'il y ſoit
contreuenu, faiſant ceſſer tous trou-
bles & empeſchemens au contraire,
Et d'autant que de ces preſentes on
aura beſoin en pluſieurs & diuers lieux,
Nous voulons que ſur les coppies d'i-
celles deuëment collationnees foy
ſoit adiouſtee comme au preſent ori-
ginal. CAR tel eſt noſtre plaiſir,
EN TESMOIN dequoy nous
auons fait mettre noſtre ſeel à ceſdites
preſentes. DONNE' à Paris le
vingt & vnieſme iour de Decembre
l'an de grace mil ſix cens vingt quatre,
& de noſtre regne le quinzieſme,
ſigné LOVYS.

Et ſur le reply par le Roy, de Beauclerc, & ſeellé ſur double queuë du grand ſceau de cire iaune.

Regiſtré en la Chambre des Comp-tes ouy le Procureur general du Roy, ſuiuant l'Arreſt de ce iour quatrieſme Mars mil ſix cens ʋingt cinq.

Signé,   BOVRLON.

E V par la Chambre les Lettres patétes du Roy donnees à Paris le vingt vnieſme Decembre mil ſix cens vingt-quatre, ſignees LOVYS : & ſur le reply, Par le Roy : de Beauclerc. Par leſquelles, & pour les cauſes y contenuës, ſa Majeſté de l'aduis de ſon Conſeil,

Dict, declare, & ordonne, Veut, &
luy plaist que tous acquereurs &
possesseurs des Offices de Commissaires des Tailles ou leursCommis &
Procureurs prennent & reçoiuent
leurs droicts de douze deniers pour
liure attribuez ausdits Offices par
l'Edict de leur creation par les mains
des Collecteurs des deniers de ses
Tailles, Taillon, & Creuës en chacune Parroisse, & non autrement,
sans qu'ils y puissent estre troublez ny empeschez, ny lesReceueurs
establis pour la recepte de sesdits deniers en chacun Bureau d'Eslection,
s'entremette à faire la recepte &
despence desdits deniers, sur peine
de priuation de leurs Offices, & de
tous despens, dommages & interests,
tant desdits Acquereurs & possesseurs leurs Procureurs ou Commis,

que Collecteurs particuliers defdites Tailles, & Parroiffes; N'en-
tendant auffi qu'il foit rendu aucun compte, ny eftat en ladite
Chambre ny ailleurs des deniers
defdits droicts; luy defendant à cefte fin d'en prendre cognoiffance,
nonobftant les fouffrances, & autres
charges par elle mifes & appofees fur
les comptes des Receueurs defdites Tailles; & les motifs d'icelles
qu'elle ordonne à ladite Chambre,
leuer & ofter, & en defcharger les
comptables & parties prenantes.
Comm' auffi celles mifes fur les
comptes defdits Receueurs des Tailles, à caufe du droict de fix deniers
pour liure cy-deuant attribué aux
Sergens des Aydes, & Tailles des
Parroiffes, dont jouyffent les feconds Commiffaires defdites Tail-

les par les mains des Collecteurs d'i-
celles, conformément à l'Edict de
creation defdits Offices, ainfi que
plus au long le contiennent lefdites
Lettres Regiftrees en ladite Chambre le premier iour de Feurier dernier, pour jouyr par chacun des Acquereurs defdits Offices de premier,
& fecond Commiffaires defdites
Tailles defdits droicts de douze deniers pour liure y attribuez par les
mains des Collecteurs, fuiuant les
Edicts de creation d'iceux, à la charge qu'il en feróit faict mention fur
les premiers comptes defdites Tailles & Taillon rendus ou à rendre, fur
lefquels lefdits Acquereurs feroient
tenus rapporter pour vne fois feule-
ment les coppies de leurs contracts
& quittances de Finance payee. Et
moyennant ce, que les fouffrances
appofees

appofees fur lefdits Comptes, feroiét
reftablies fur les Requeftes qui feroient à cefte fin prefentees en la
maniere accouftumee, Autres Lettres patentes du 6. dudit mois de
Feburier fignees comme les prece-
dentes, contenant iuffion & mandement tref-exprez à ladite Chambre,
que fans attendre de fa Maiefté autre commandement, elle ait tous affaires ceffans, & poftpofees à proce-
ceder à l'enregiftremét defdites Lettres de Declaration puremét & fimplement, fans y apporter aucune re-
ftrinction ny modification, leuant,
& oftant celles portees par ledit Arreft, qu'elle ne veut auoir lieu. En-
joignant à fon Procureur general
d'en faire toute diligence & requi-
fitions neceffaire. Arreft d'icelle
Chambre du dix-neufuiefme dudit

mois de Feurier, par lequel elle au-
roit declaré ne pouuoir entrer àl'en-
terinement defdites Lettres : & or-
dóné, que celuy dudit premier iour
dudit mois tiendroit, autres Lettres
patentes du dernier defdits mois &
an, contenant autres lettres de iuffion & mandement tres-expres à ladite Chambre, que fans attendre de
fadite Maiefté autre commandemét,
elle ait auffi tous affaires ceffans à
proceder à l'enregiftrement defdites
Lettres de Declaration purement &
fimplement. VEV auffi la coppie
collationnee de l'Edict de fuppref-
fion defdits Offices de Sergens des
Tailles & creation defdits feconds
Commiffaires, auec attribution de
douze deniers pour liure, à prendre
annuëllement par les mains defdits
Collecteurs du mois de May 1624.

regiſtré en ladite Châbre le 1.Octo-
bre enſuiuant. Conclusions du Procureur general du Roy, & tout con-
ſideré, LA CHAMBRE, les deux
ſemeſtres aſſemblez, A ordonné & ordonne leſdites Lettres de
Declaration du 21. iour de Decembre dernier eſtre Regiſtrees, pour
eſtre le contenu en icelle gardé &
obſerué ſelon leur forme & teneur.
Faict le quatrieſme iour de Mars
mil ſix cens vingt-cinq.

Extraict des Regiſtres de la Cham-
bre des Comptes,

Signé, BOVRLON

L'An mil ſix cens vingt-cinq,
le vnzieſme iour de Mars la

presente Declaration , ensemble
l'Arreſt de verification de la Chambre des Comptes ont eſté ſignifiez,
& d'iceux baillé & delaiſſé coppie
collationnee à Maiſtre Louys Arnaut Conſeiller du Roy , & Con-
trolleur general des Reſtes de ladite Chambre en parlant à M^e
Gilbert Perrin ſon Commis en ſon
domicile, & luy ay fait defence de
par le Roy de faire aucunes pour-
ſuittes ny contraintes pour les ſouffrances mentionnees en ladite Declaration ſur les peines y contenuës,
à ce que ledit ſieur Arnaut n'en
pretende cauſe d'ignorance. Faict
par moy Sergent à verge au Cha-
ſtelet de Paris ſoubz-ſigné, preſent
François Dalirot , François Ma-

lingre, & autres teſmoings. Ainſi
ſigué, HERISSE'.

Collationné aux Originaux par
moy Conſeiller, Secretaire du
Roy, & de ſes Finances.